Impressum
Verlag: BABADADA GmbH, Nedderfeld 112 , 22529 Hamburg
Geschäftsführer / Verlagsleitung: Harald Hof
Druck: Books on Demand GmbH, In de Tarpen 42, 22848 Norderstedt

Imprint
Publisher: BABADADA GmbH, Nedderfeld 112 , 22529 Hamburg, Germany
Managing Director / Publishing direction: Harald Hof
Print: Books on Demand GmbH, In de Tarpen 42, 22848 Norderstedt

escola

koulu

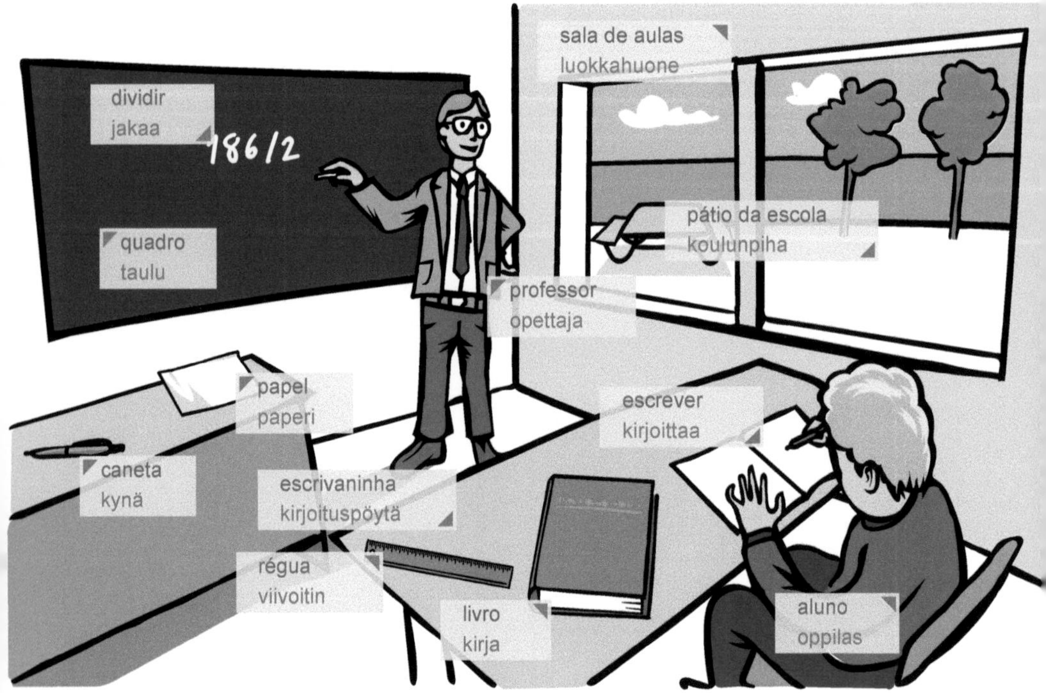

sala de aulas
luokkahuone
dividir
jakaa
186/2
quadro
taulu
pátio da escola
koulunpiha
professor
opettaja
papel
paperi
escrever
kirjoittaa
caneta
kynä
escrivaninha
kirjoituspöytä
régua
viivoitin
livro
kirja
aluno
oppilas

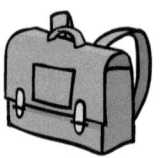

sacola

reppu

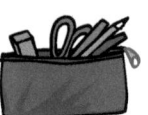

estojo de lápis

penaali

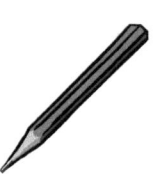

lápis

lyijykynä

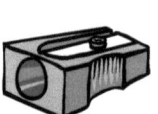

apontador de lápis

kynänteroitin

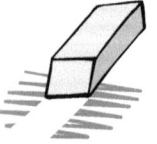

borracha

pyyhekumi

bloco de desenho

piirustuslehtiö

desenho

piirustus

pincel

pensseli

estojo de tintas

vesivärit

tesoura

sakset

cola

liima

livro de exercícios

harjoituskirja

lição de casa

kotitehtävä

número

luku

somar

lisätä

subtrair

vähentää

multiplicar

kertoa

calcular

laskea

letra

kirjain

alfabeto

aakkoset

palavra

sana

texto
teksti

ler
lukea

giz
liitu

hora
oppitunti

registro da classe
opettajan muistikirja

exame
koe

certificado
todistus

uniforme escolar
koulupuku

educação
koulutus

enciclopédia
sanakirja

universidade
yliopisto

microscópio
mikroskooppi

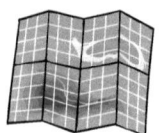

mapa
kartta

cesto de lixo
roskakori

hotel
hotelli

albergue
retkeilymaja

ROOMS

casa de câmbio
rahanvaihto

EXCHANGE

mala
matkalaukku

carro
auto

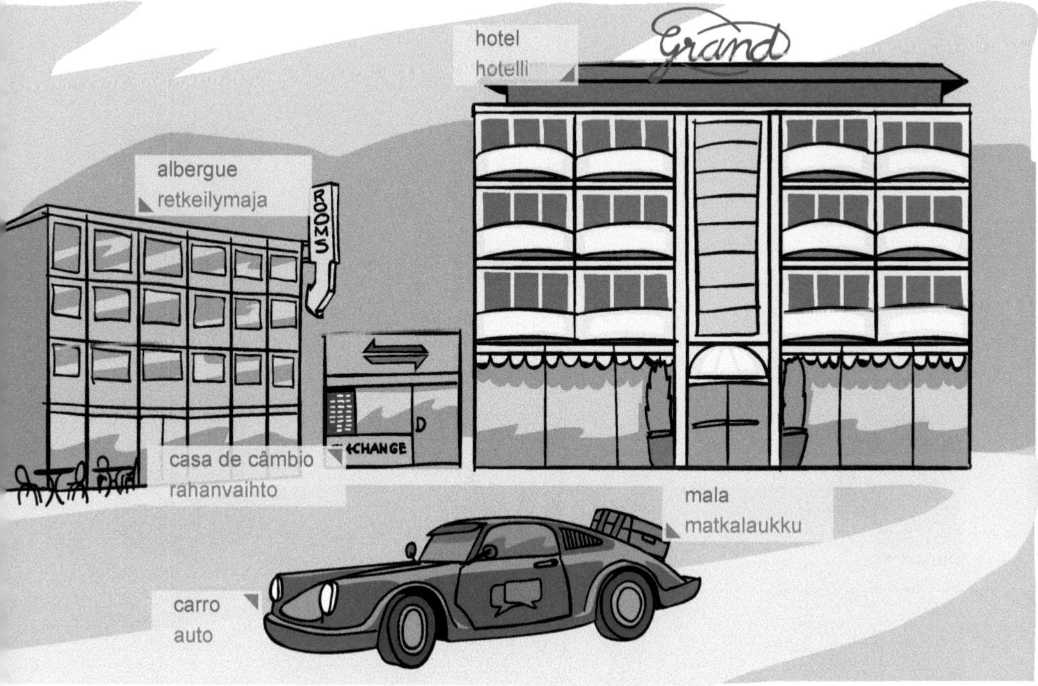

idioma
kieli

sim / não
kyllä / ei

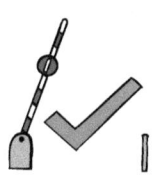

ok
зelvä

Olá
hei

tradutor
tulkki

obrigado
kiitos

quanto custa...?

Paljonko...maksaa?

eu não entendo

en ymmärrä

problema

ongelma

boa noite!

Hyvää iltaa!

Bom dia!

Hyvää huomenta!

Boa noite!

Hyvää yötä!

até logo

näkemiin

direção

suunta

bagagem

matkatavarat

bolsa

laukku

mochila

reppu

convidado

vieras

quarto

huone

saco de dormir

makuupussi

barraca

teltta

informação turística

turisti-info

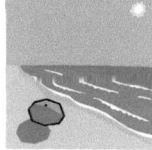

praia

ranta

cartão de crédito

luottokortti

café da manhã

aamupala

almoço

lounas

jantar

päivällinen

bilhete

matkalippu

elevador

hissi

selo

postimerkki

fronteira

raja

alfândega

tulli

embaixada

suurlähetystö

visto

viisumi

passaporte

passi

transporte
kuljetus

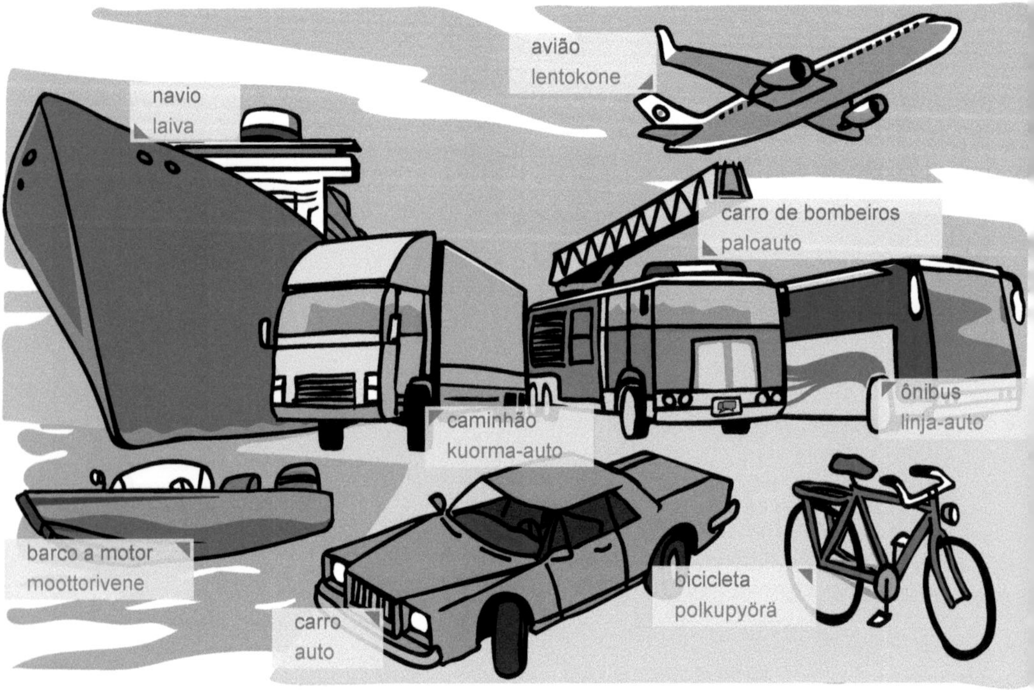
avião
lentokone
navio
laiva
carro de bombeiros
paloauto
ônibus
linja-auto
caminhão
kuorma-auto
barco a motor
moottorivene
bicicleta
polkupyörä
carro
auto

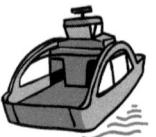

balsa

lautta

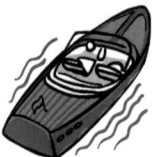

barco

vene

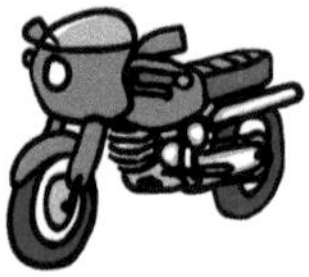

motocicleta

moottoripyörä

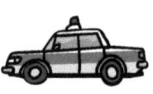

veículo policial

poliisiauto

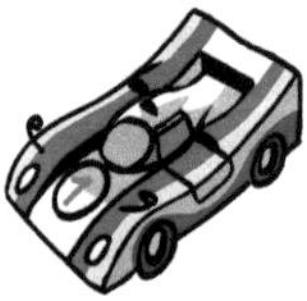

carro de corrida

kilpa-auto

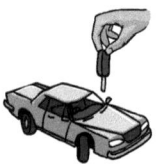

carro de aluguel

vuokra-auto

compartilhamento de automóvel
....
car sharing

caminhão de reboque
....
hinausauto

caminhão de lixo
....
roska-auto

motor
....
moottori

combustível
....
polttoaine

posto de gasolina
....
huoltoasema

placa de trânsito
....
liikennemerkki

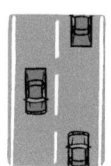

trânsito
....
liikenne

trânsito lento
....
ruuhka

estacionamento
....
parkkipaikka

estação de trem
....
rautatieasema

trilhos
....
raiteet

trem
....
juna

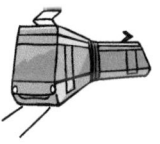

bonde
....
raitiovaunu

vagão
....
vaunu

helicóptero

helikopteri

aeroporto

lentokenttä

torre

lähilennonjohto

passageiro

matkustaja

contêiner

kontti

cartolina

pahvilaatikko

carroça

kärryt

cesto

kori

decolar / pousar

nousta / laskea

cidade
kaupunki

vilarejo

kylä

centro da cidade

keskusta

casa

talo

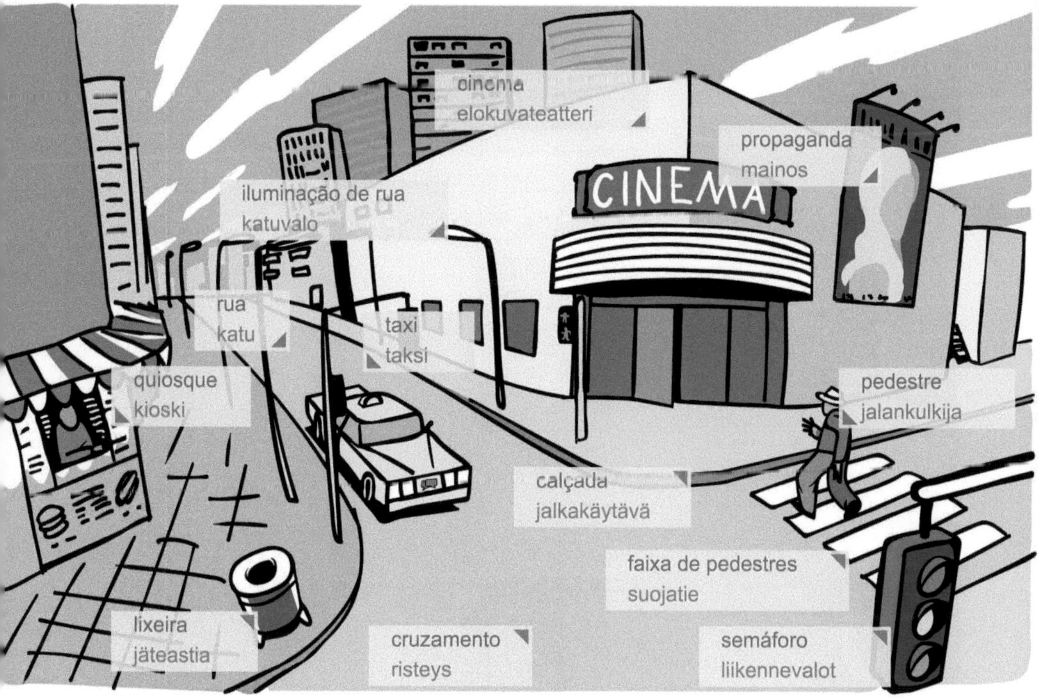
cinema
elokuvateatteri
propaganda
mainos
CINEMA
iluminação de rua
katuvalo
rua
katu
taxi
taksi
quiosque
kioski
pedestre
jalankulkija
calçada
jalkakäytävä
faixa de pedestres
suojatie
lixeira
jäteastia
cruzamento
risteys
semáforo
liikennevalot

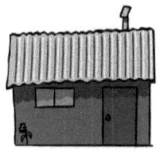

cabana

mökki

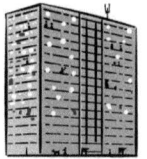

apartamento

kerrostalo

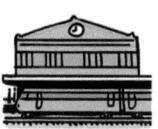

estação de trem

rautatieasema

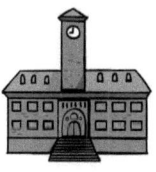

prefeitura

kaupungintalo

MUSEUM

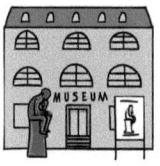

museu

museo

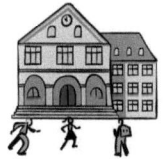

escola

koulu

universidade
yliopisto

banco
pankki

hospital
sairaala

hotel
hotelli

farmácia
apteekki

escritório
toimisto

livraria
kirjakauppa

loja
liike

floricultura
kukkakauppa

supermercado
supermarketti

mercado
tori

loja de departamentos
tavaratalo

peixaria
kalakauppias

centro comercial
ostoskeskus

porto
satama

parque

pulsto

banco

penkki

ponte

silta

escadas

portaat

metrô

metro

túnel

tunneli

ponto de ônibus

linja-autopysäkki

bar

baari

restaurante

ravintola

caixa de correspondência

postilaatikko

placa de rua

katukyltti

parquímetro

parkkimittari

zoológico

eläintarha

piscina

uimala

mesquita

moskeija

fazenda
maatila

poluição
ympäristön saastuminen

cemitério
hautausmaa

igreja
kirkko

parquinho
leikkikenttä

templo
temppeli

paisagem
maisema

folha
lehti

placa de sinalização
tienviitta

caminho
tie

gramado
niitty

pedra
kivi

árvore
puu

caminhantes
retkeilijä

rio
joki

grama
ruoho

flor
kukka

vale
laakso

montanha
vuori

lago
järvi

floresta
metsä

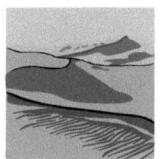

deserto
aavikko

vulcão
tulivuori

castelo
linna

arco-íris
sateenkaari

cogumelo
sieni

palmeira
palmu

mosquito
hyttynen

mosca
kärpänen

formiga
muurahainen

abelha
mehiläinen

aranha
hämähäkki

besouro

kovakuoriainen

sapo

sammakko

esquilo

orava

ouriço

siili

lebre

jänis

coruja

pöllö

pássaro

lintu

cisne

joutsen

javali

villisika

veado

peura

alce

hirvi

barragem

pato

aerogerador

tuulimylly

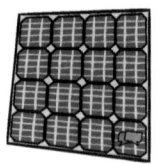

painel solar

aurinkopaneeli

clima

ilmasto

restaurante
ravintola

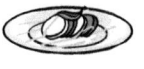

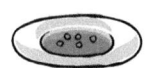

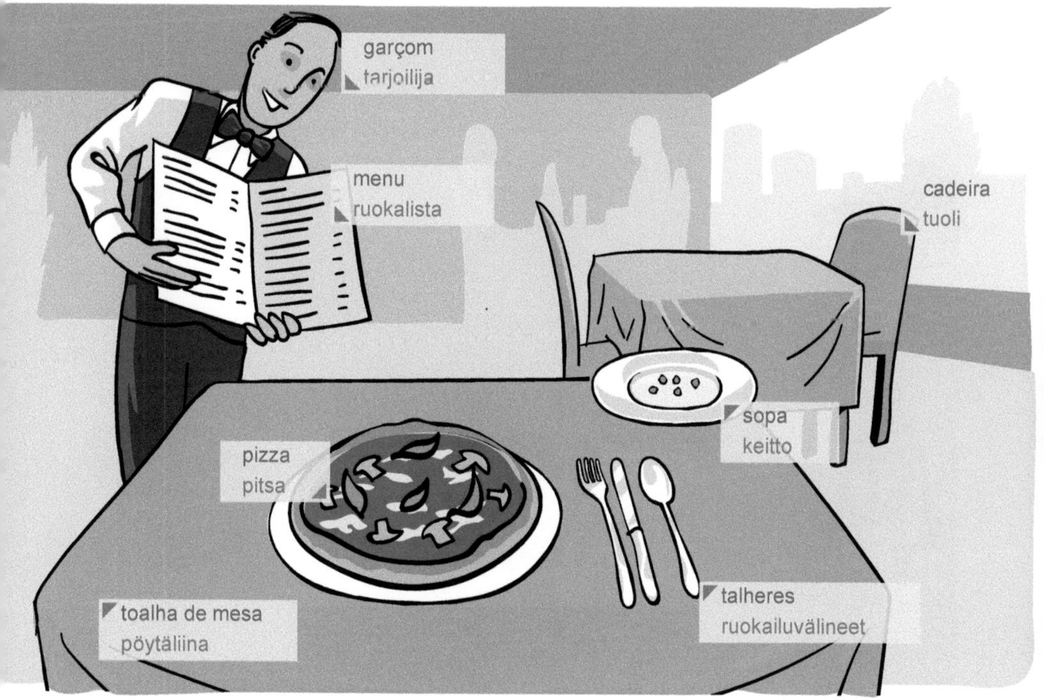

garçom
tarjoilija
menu
ruokalista
cadeira
tuoli
sopa
keitto
pizza
pitsa
toalha de mesa
pöytäliina
talheres
ruokailuvälineet

entrada

alkuruoka

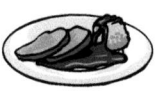

prato principal

pääruoka

sobremesa

jälkiruoka

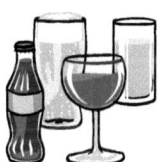

bebidas

juomat

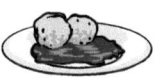

comida

ruoka

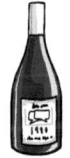

garrafa

pullo

fastfood

pikaruoka

comida de rua

katuruoka

bule de chá

teekannu

açucareiro

sokeriastia

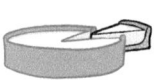

porção

annos

máquina de expresso

espressokeitin

cadeirão

syöttötuoli

conta

lasku

bandeja

tarjotin

faca

veitsi

garfo

haarukka

colher

lusikka

colher de chá

teelusikka

guardanapo

servietti

copo

lasi

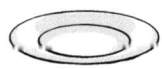

prato

lautanen

prato de sopa

syvä lautanen

pires

aluslautanen

molho

kastike

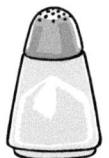

saleiro

suolasirotin

moedor de pimenta

pippurimylly

vinagre

etikka

óleo

öljy

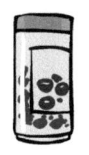

especiarias

mausteet

ketchup

ketsuppi

mostarda

sinappi

maionese

majoneesi

supermercado
supermarketti

oferta especial
tarjous
FOR
cliente
asiakas
laticínios
maitotuotteet
frutas
hedelmät
carrinho de compras
ostoskärryt

BUTCHERS

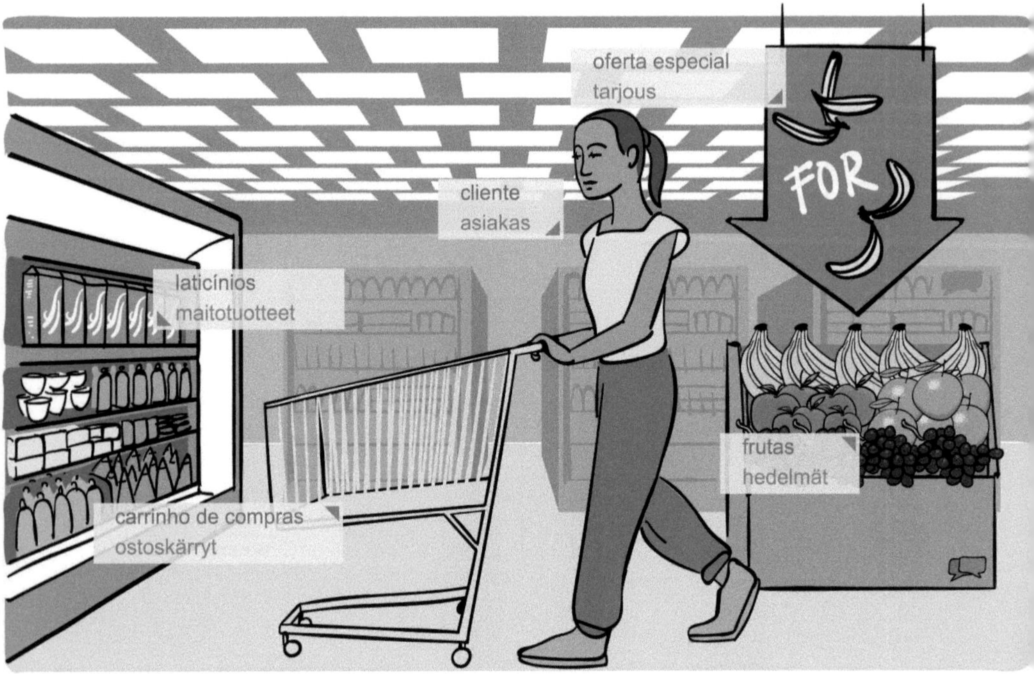

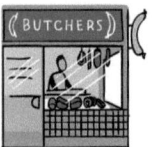

açougue

teurastamo

BAKERY

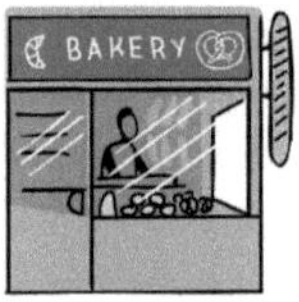

padaria

leipomo

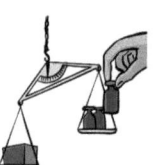

pesar

punnita

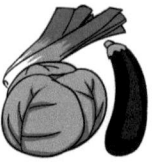

legumes

kasvikset

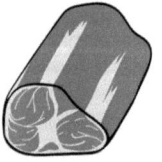

carne

liha

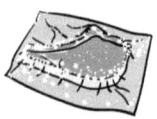

congelados

pakasteet

charcutaria

leikkele

conservas

säilykkeet

detergente em pó

pesujauhe

doces

makeiset

artigos domésticos

kotitaloustarvikkeet

produtos de limpeza

puhdistusaineet

vendedora

myyjä

caixa

kassa

caixa

kassanhoitaja

lista de compras

ostoslista

horário de funcionamento

aukioloajat

carteira

lompakko

cartão de crédito

luottokortti

sacola

kassi

saco plástico

muovipussi

água

vesi

suco

mehu

leite

maito

coca-cola

kokis

vinho

viini

cerveja

olut

álcool

alkoholi

cacau

kaakao

chá

tee

café

kahvi

expresso

espresso

cappuccino

cappuccino

banana
banaani

maçã
omena

laranja
appelsiini

melão
meloni

limão
sitruuna

cenoura
porkkana

alho
valkosipuli

bambu
bambu

cebola
sipuli

cogumelo
sieni

nozes
pähkinät

macarrão
spagetti

espaguete

spagetti

arroz

riisi

salada

salaatti

batatas fritas

ranskalaiset

batatas frias

paistetut perunat

pizza

pitsa

hambúrger

hampurilainen

sanduíche

voileipä

escalope

leike

presunto

kinkku

salame

salami

salsicha

makkara

galinha

kana

assado

paisti

peixe

kala

flocos de aveia

kaurahiutaleet

granola

mysli

flocos de milho

murot

farinha

jauho

croissant

voisarvi

pãozinho

sämpylä

pão

leipä

torrada

paahtoleipä

biscoitos

keksit

manteiga

voi

requeijão

rahka

bolo

kakku

ovo

kananmuna

ovo frito

paistettu kananmuna

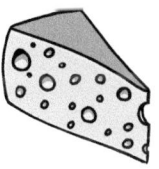

queijo

juusto

sorvete

jäätelö

açúcar

sokeri

mel

hunaja

geleia

hillo

creme de avelãs

suklaapähkinälevite

curry

curry

fazenda
maatila

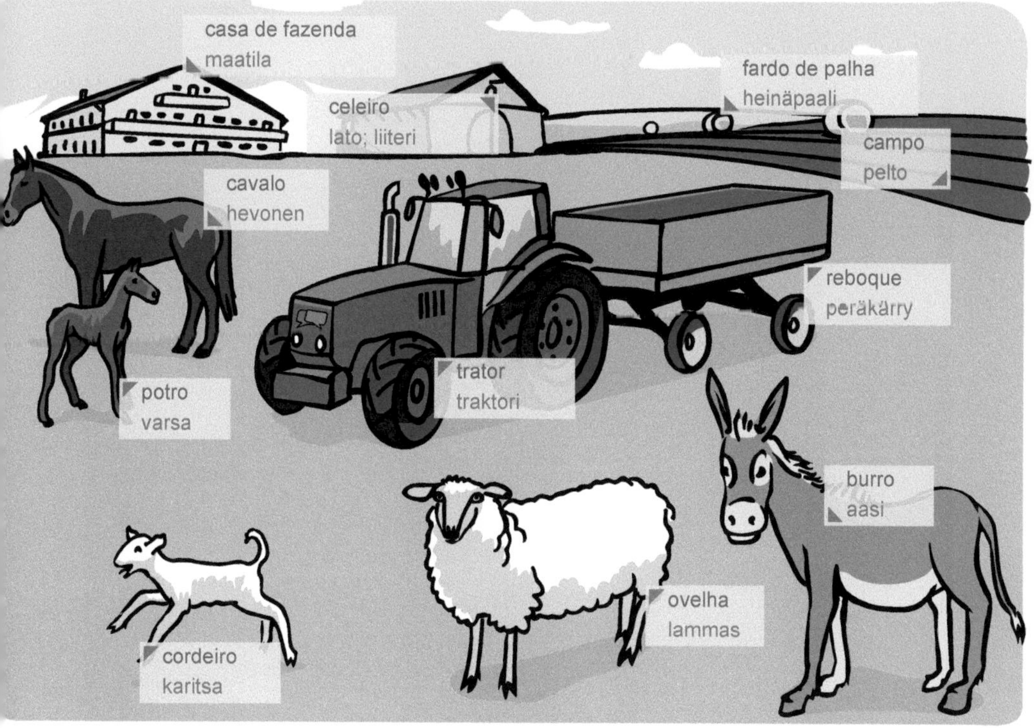
casa de fazenda
maatila
celeiro
lato; liiteri
fardo de palha
heinäpaali
campo
pelto
cavalo
hevonen
reboque
peräkärry
trator
traktori
potro
varsa
burro
aasi
ovelha
lammas
cordeiro
karitsa

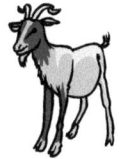

cabra
vuohi

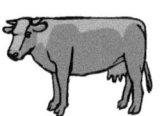

vaca
lehmä

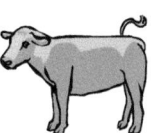

bezerro
vasikka

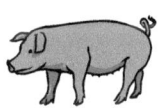

porco
sika

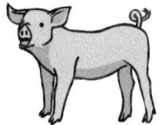

leitão
porsas

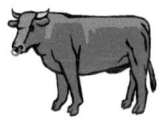

touro
sonni

ganso
hanhi

pato
ankka

pintinho
tipu

galinha
kana

galo
kukko

ratazana
rotta

gato
kissa

camundongo
hiiri

boi
härkä

cachorro
koira

casinha do cachorro
koirankoppi

mangueira de jardim
puutarhaletku

regador
kastelukannu

foice
viikate

arado
aura

foice
sirppi

enxada
kuokka

forquilha
talikko

machado
kirves

carrinho de mão
kottikärryt

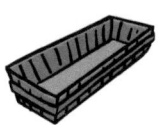

manjedoura
kaukalo

jarra de leite
maitokannu

saco
säkki

cerca
aita

estábulo
talli

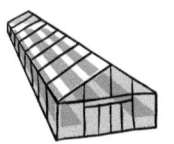

estufa
kasvihuone

solo
maa

semente
siemen

fertilizante
lannoite

colheitadeira
leikkuupuimuri

colher

kerätä sato

colheita

sato

inhame

jamssit

trigo

vehnä

soja

soija

batata

peruna

milho

maissi

colza

rypsi

árvore frutífera

hedelmäpuu

mandioca

maniokki

cereais

vilja

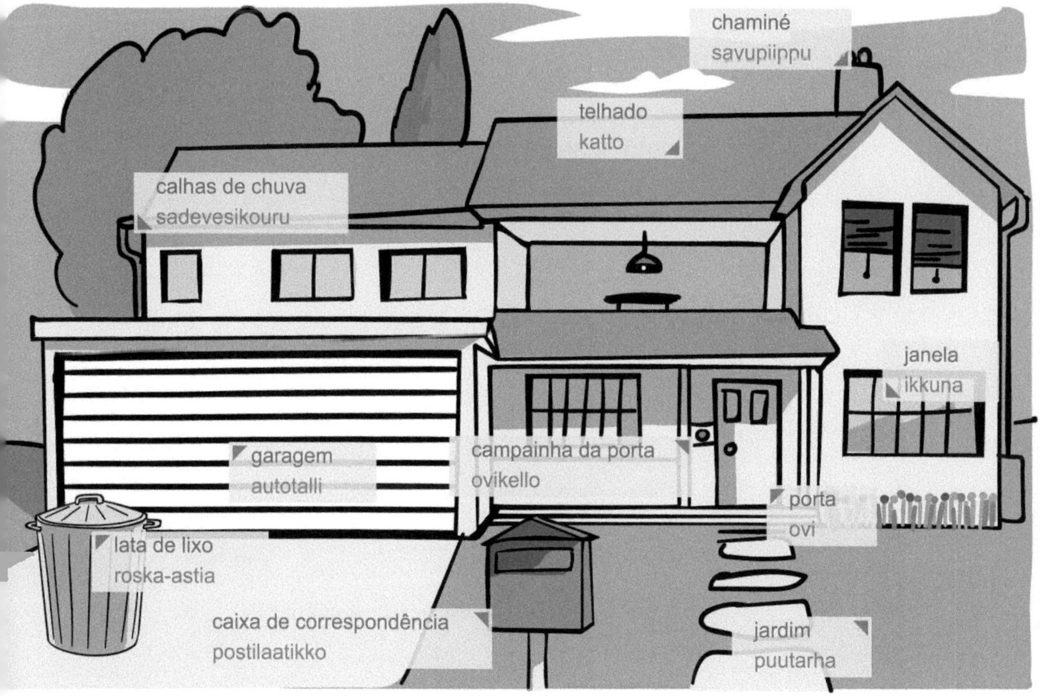

chaminé
savupiippu

telhado
katto

calhas de chuva
sadevesikouru

janela
ikkuna

garagem
autotalli

campainha da porta
ovikello

porta
ovi

lata de lixo
roska-astia

caixa de correspondência
postilaatikko

jardim
puutarha

sala de estar
olohuone

banheiro
kylpyhuone

cozinha
keittiö

quarto de dormir
makuuhuone

quarto de criança
lastenhuone

sala de jantar
ruokahuone

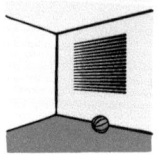

chão
lattia

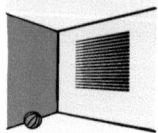

parede
seinä

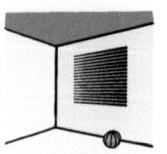

teto
katto

porão
kellari

sauna
sauna

varanda
parveke

terraço
terassi

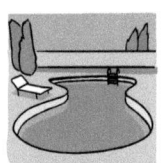

piscina
uima-allas

cortador de grama
ruohonleikkuri

lençol
lakana

coberta
päiväpeitto

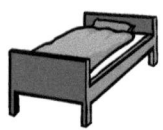

cama
sänky

vassoura
harja

balde
ämpäri

interruptor
katkaisin

sala de estar

olohuone

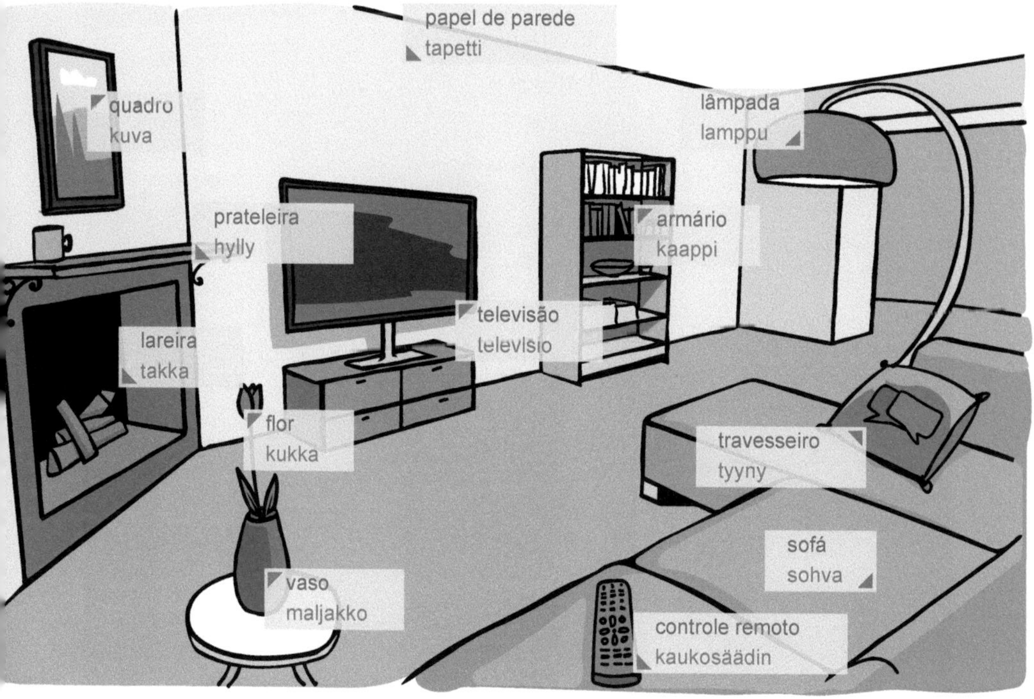
papel de parede
tapetti
quadro
kuva
lâmpada
lamppu
prateleira
hylly
armário
kaappi
televisão
televisio
lareira
takka
flor
kukka
travesseiro
tyyny
sofá
sohva
vaso
maljakko
controle remoto
kaukosäädin

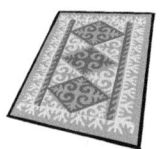

tapete

matto

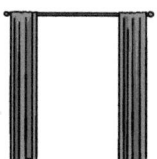

cortina

verho

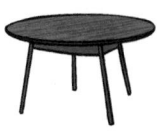

mesa

pöylä

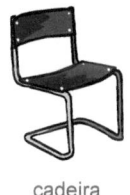

cadeira

tuoli

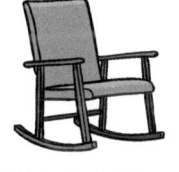

cadeira de balanço

keinutuoli

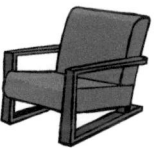

poltrona

nojatuoli

livro

kirja

cobertor

peitto

decoração

koriste

lenha

polttopuut

filme

elokuva

equipamento de som

stereot

chave

avain

jornal

sanomalehti

pintura

maalaus

pôster

juliste

rádio

radio

bloco de notas

muistivihko

aspirador

pölynimuri

cacto

kaktus

vela

kynttilä

cozinha
keittiö

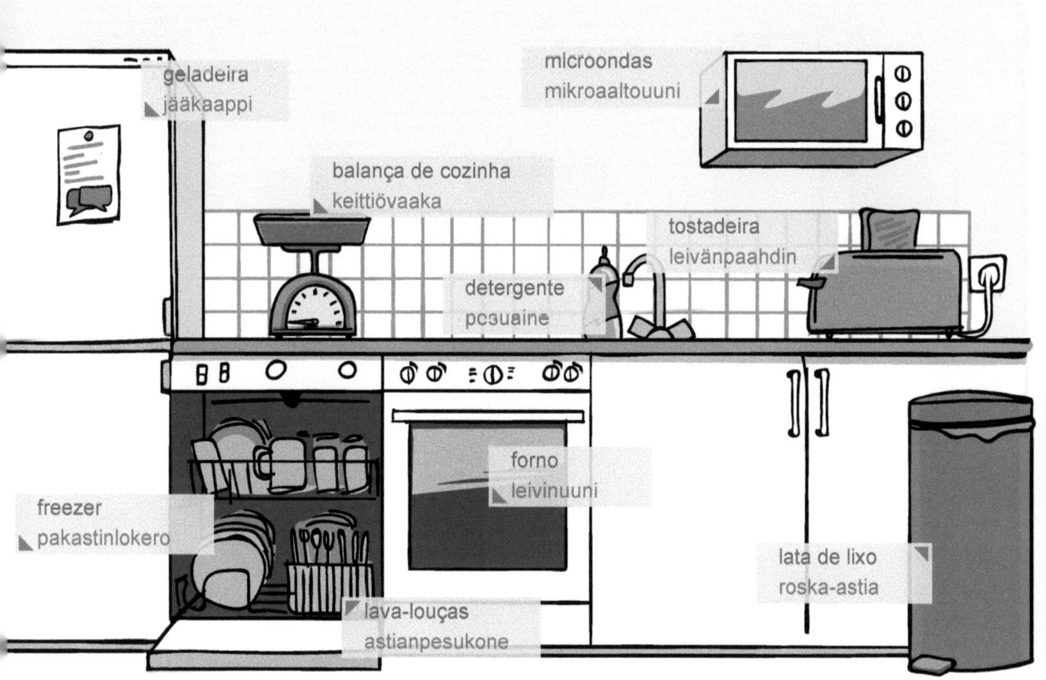

geladeira
jääkaappi
microondas
mikroaaltouuni
balança de cozinha
keittiövaaka
tostadeira
leivänpaahdin
detergente
pesuaine
forno
leivinuuni
freezer
pakastinlokero
lata de lixo
roska-astia
lava-louças
astianpesukone

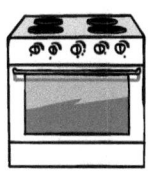

fogão

liesi

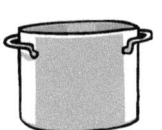

panela

kattila

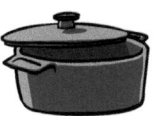

panela de ferro

rautapata

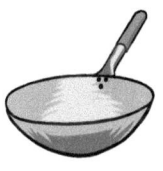

wok / kadai

vokkipannu / kadai-pannu

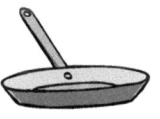

frigideira

paistinpannu

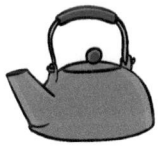

chaleira

teepannu

panela a vapor

höyrykeitin

tabuleiro de forno

uunipelti

louça

astiat

caneca

muki

caçarola

kulho

hashi

syömäpuikot

concha de sopa

kauha

espátula

paistinlasta

batedor

vispilä

escorredor

siivilä

peneira

siivilä

ralador

raastin

almofariz

mortteli

churrasqueira

grilli

lareira

avotuli

tábua de cortar

leikkuulauta

rolo da massa

kaulin

saca-rolhas

korkinavaaja

lata

purkki

abridor de latas

purkinavaaja

pegador de panela

pannulappu

pia

lavuaari

escova

tiskiharja

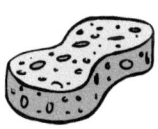

esponja

pesusieni

liquidificador

tehosekoitin

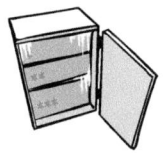

congelador

pakastin

mamadeira

tuttipullo

torneira

vesihana

banheiro
kylpyhuone

aquecimento
lämmitys
ducha
suihku
toalha
pyyhe
cortina de chuveiro
suihkuverho
banho de espuma
vaahtokylpy
banheira
kylpyamme
copo
lasi
lava-roupa
pesukone
torneira
vesihana
azulejos
kaakelit
penico
potta
pia
lavuaari

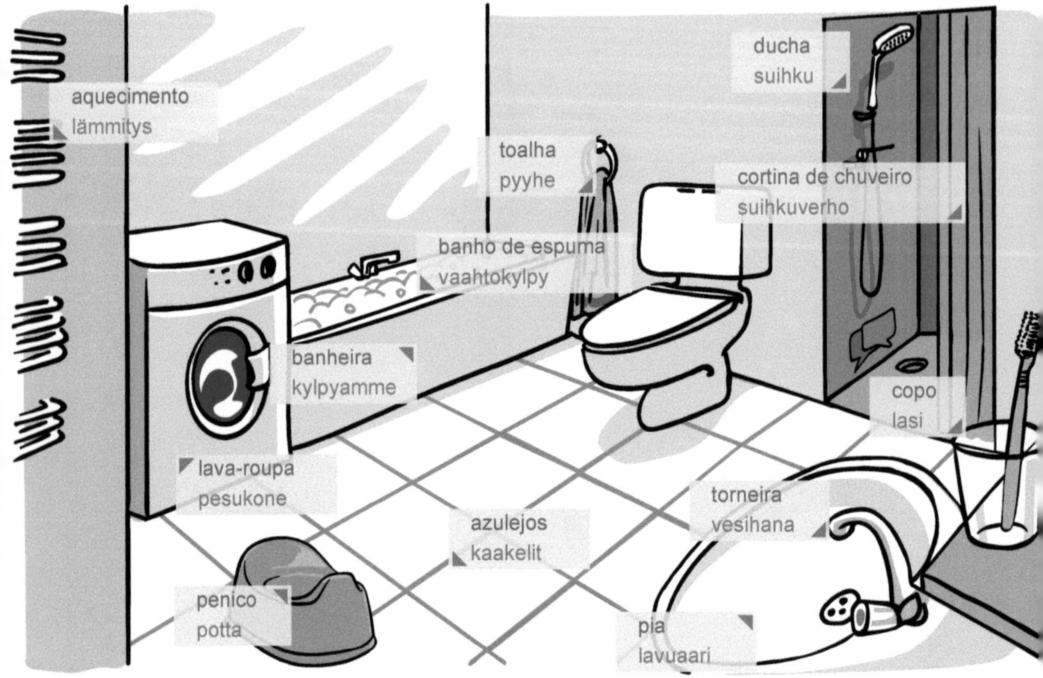

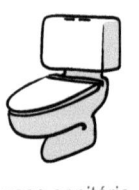

vaso sanitário

vessa

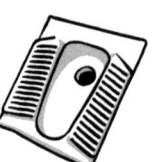

lavabo de agachar

kyykkyvessa

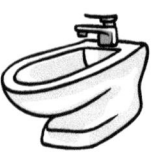

bidê

bidee

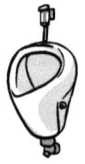

mictório

pisuaari

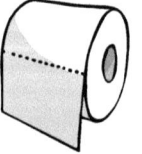

papel higiênico

vessapaperi

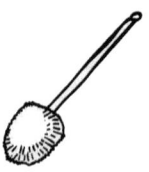

escova de privada

vessaharja

escova de dentes

hammasharja

pasta de dentes

hammastahna

fio dental

hammaslanka

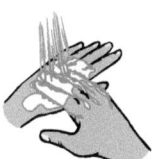

lavar

pestä

ducha de mão

käsisuihku

ducha íntima

intiimisuihku

bacia

pesuvati

escova para as costas

selkäharja

sabonete

saippua

gel de banho

suihkugeeli

xampu

shampoo

toalha de rosto

pesulappu

escoamento

viemäri

creme

voide

desodorante

deodorantti

espelho

peili

espelho de mão

käsipeili

barbeador

partaveitsi

espuma de barbear

partavaahto

loção pós-barba

partavesi

pente

kampa

escova

harja

secador de cabelo

hiustenkuivaaja

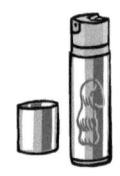

spray de cabelo

hiuslakka

maquiagem

meikki

batom

huulipuna

esmalte de unhas

kynsilakka

algodão

pumpuli

tesoura para unhas

kynsisakset

perfume

hajuvesi

nécessaire

kosmetiikkalaukku

banquinho

jakkara

balança

vaaka

roupão de banho

kylpytakki

luvas de borracha

kumihansikkaat

absorvente interno

tamponi

absorvente íntimo

terveysside

banheiro químico

kemiallinen wc

quarto de criança
lastenhuone

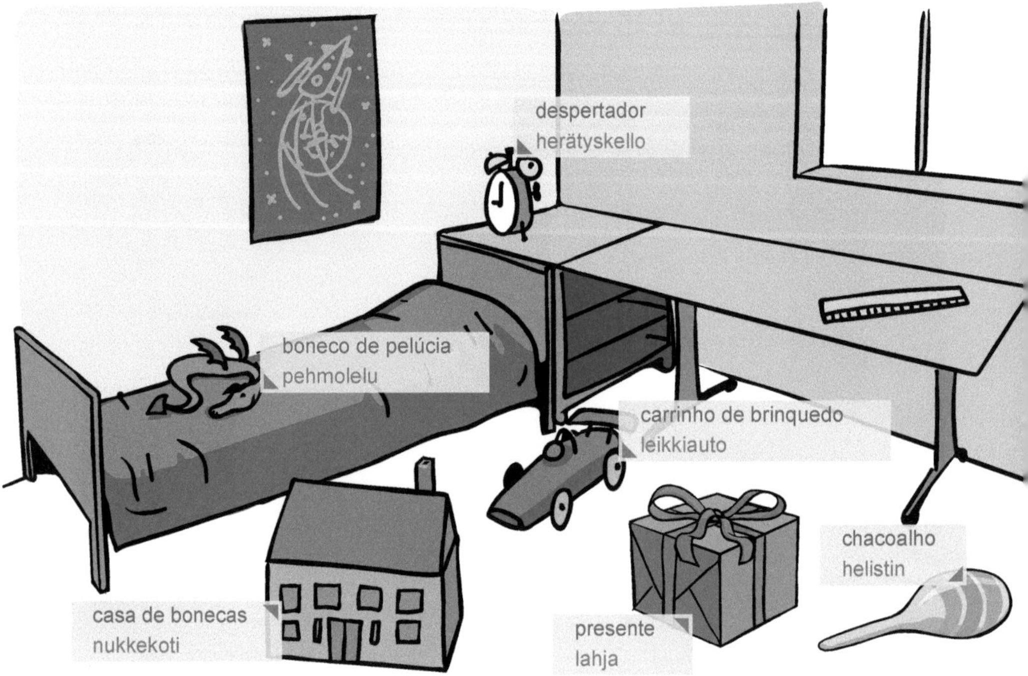

despertador
herätyskello

boneco de pelúcia
pehmolelu

carrinho de brinquedo
leikkiauto

chacoalho
helistin

casa de bonecas
nukkekoti

presente
lahja

balão
ilmapallo

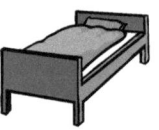

cama
sänky

carrinho de bebê
lastenvaunut

jogo de cartas
korttipeli

quebra-cabeças
palapeli

revista de quadrinhos
sarjakuva

peças de Lego

legopalikat

blocos de construção

rakennuspalikat

figura de ação

supersankari

macaquinho de bebê

potkupuku

frisbee

frisbee

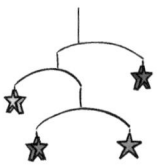

móbile para bebé

mobile

jogo de tabuleiro

lautapeli

dados

noppa

trenzinho elétrico

pienoisjunarata

chupeta

tutti

festa

juhlat

livro ilustrado

kuvakirja

bola

pallo

boneca

nukke

brincar

leikkiä

caixa de areia

hiekkalaatikko

balanço

keinu

brinquedos

lelut

videogame

pelikonsoli

triciclo

kolmipyörä

ursinho de pelúcia

nalle

guarda-roupa

vaatekaappi

vestuário
vaatteet

meias

sukat

meias pelo joelho

nylonsukat

meias-calças

sukkahousut

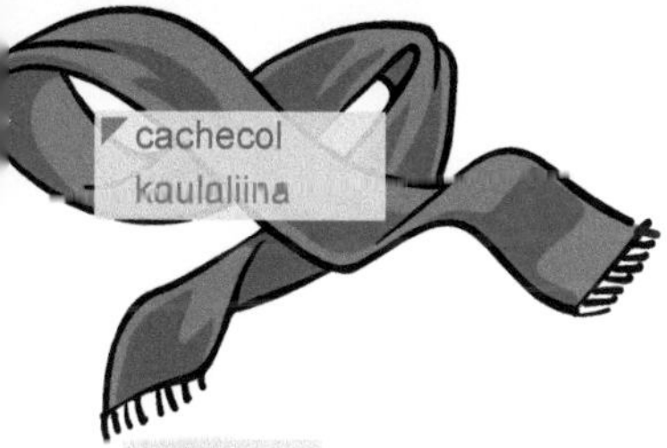

cachecol
kaulaliina

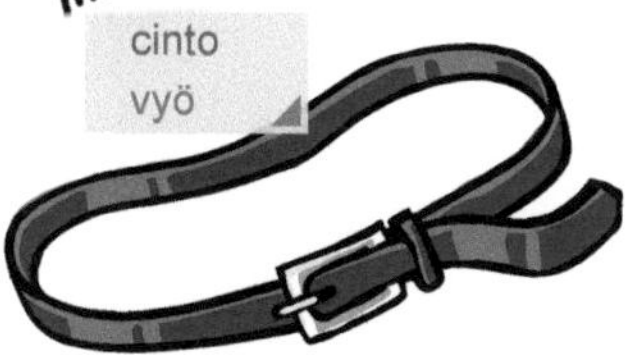

cinto
vyö

guarda-chuva
sateenvarjo

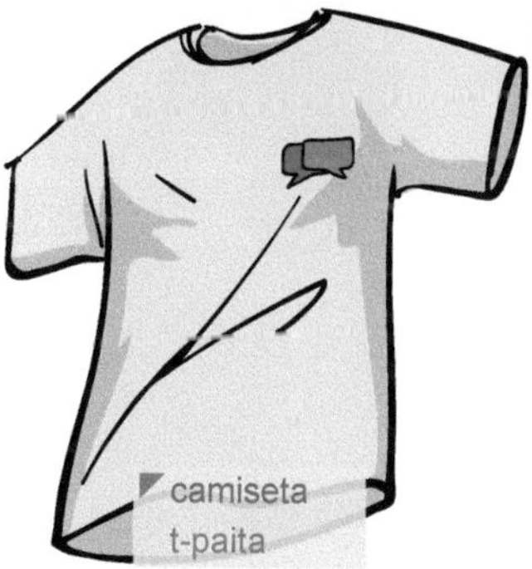

camiseta
t-paita

tênis
lenkkarit

botas
saappaat

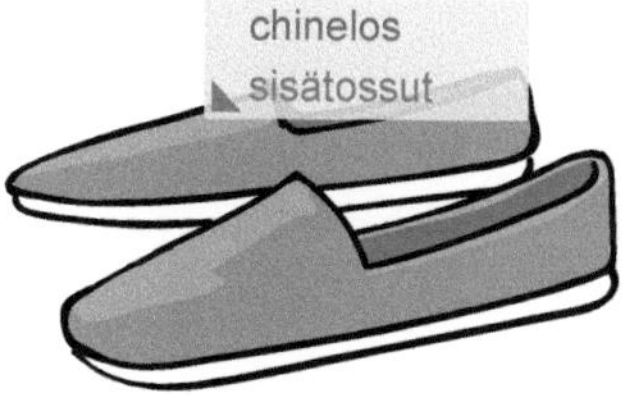

chinelos
sisätossut

sandálias
sandaalit

sapatos
kengät

botas de borracha
kumisaappaat

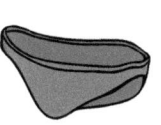
roupa de baixo
alushousut

sutiã
rintaliivit

camiseta de baixo
aluspaita

body

body

calças

housut

jeans

farkut

saia

hame

blusa

pusero

camisa

paita

pulôver

villapaita

suéter com capuz

collegepaita

blazer

jakku

jaqueta

takki

casaco

takki

gabardine

sadetakki

traje

puku

vestido

mekko

vestido de casamento

hääpuku

terno
puku

camisola
yöpaita

pijama
pyjama

sari
shari

lenço de cabeça
päähuivi

turbante
turbaani

burca
burka

cafetã
kaftaani

abaya
abaya

maiô
uimapuku

sunga
uimahousut

shorts
shortsit

roupa de treino
verkkarit

avental
esiliina

luvas
käsineet

botão

nappi

óculos

silmälasit

pulseira

rannekoru

colar

kaulakoru

anel

sormus

brinco

korvakoru

boné

lippalakki

cabide

ripustin

chapéu

hattu

gravata

solmio

zíper

vetoketju

capacete

kypärä

suspensórios

henkselit

uniforme escolar

koulupuku

uniforme

univormu

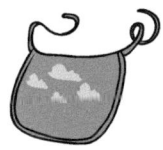

babador

ruokalappu

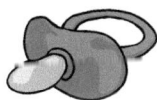

chupeta

tutti

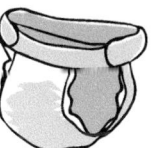

fralda

vaippa

escritório
toimisto

servidor
palvelin
armário de arquivos
asiakirjakaappi
impressora
tulostin
papel
paperi
monitor
näyttö
mouse
hiiri
escrivaninha
kirjoituspöytä
pasta
kansio
teclado
näppäimistö
cesto de lixo
roskakori
computador
tietokone
cadeira
tuoli

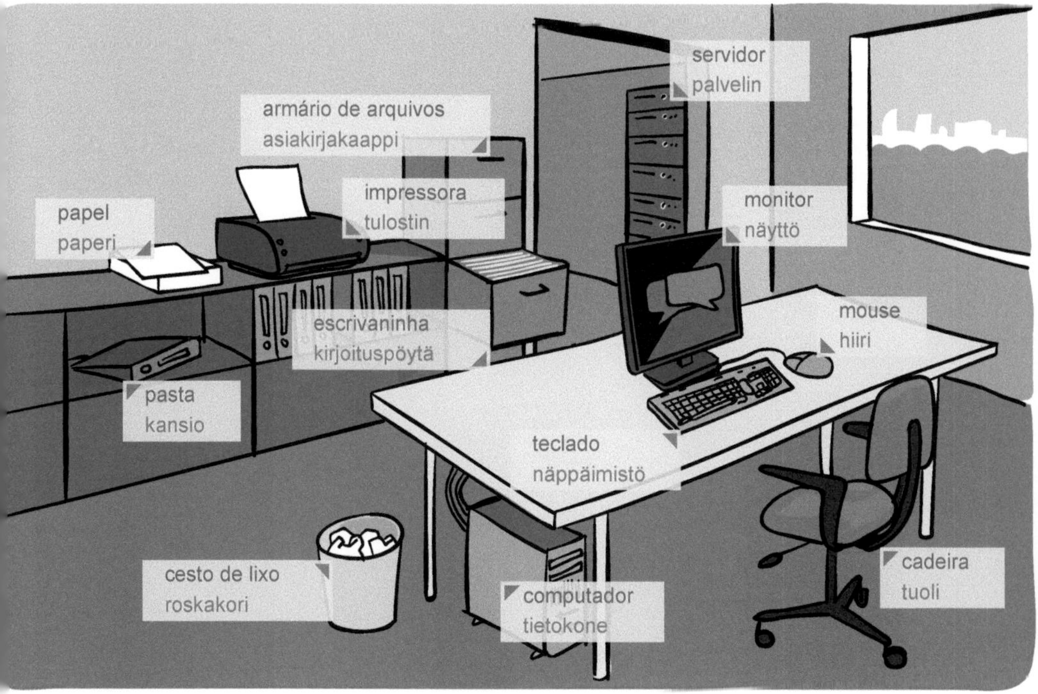

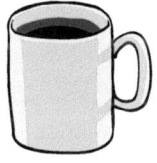

xícara de café

kahvimuki

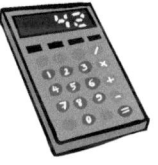

calculadora

taskulaskin

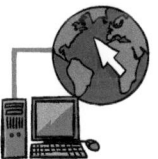

internet

internet

laptop

kannettava tietokone

carta

kirje

mensagem

viesti

celular

kännykkä

rede

verkko

copiadora

kopiokone

software

ohjelmisto

telefone

puhelin

tomada

pistorasia

fax

faksi

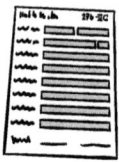

formulário

lomake

documento

asiakirja

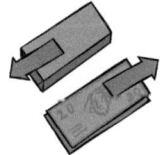

comprar

ostaa

pagar

maksaa

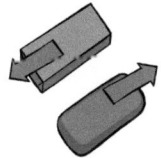

negociar

vaihtaa

dinheiro

raha

 USD

Dólar

dollari

 EUR

Euro

euro

 JPY

Yen

jeni

 RUB

rublo

rupla

 CHF

franco suíço

frangi

 CNY

renminbi yuan

renminbi juan

 INR

rupia

rupia

caixa eletrônico

pankkiautomaatti

casa de câmbio

rahanvaihto

ouro

kulta

prata

hopea

petróleo

öljy

energia

energia

preço

hinta

contrato

sopimus

imposto

vero

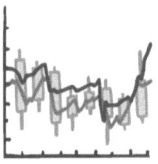

ação

osake

trabalhar

työskennellä

empregado

työntekijä

empregador

työnantaja

fábrica

tehdas

loja

liike

profissões
ammatit

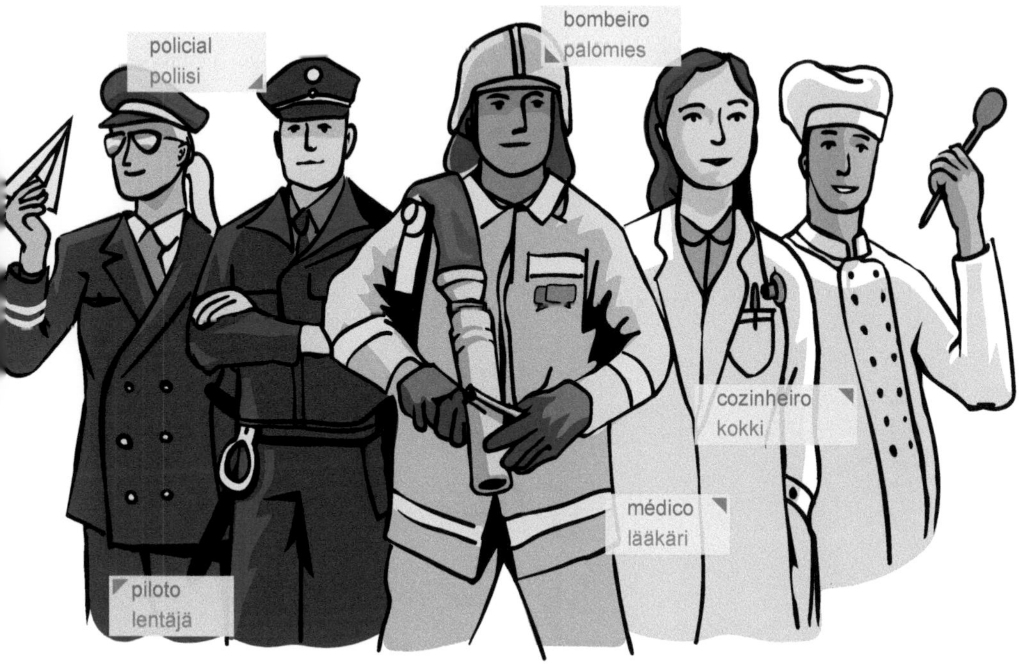
policial
poliisi
bombeiro
palomies
cozinheiro
kokki
médico
lääkäri
piloto
lentäjä

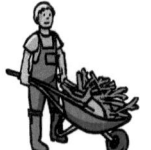

jardineiro
puutarhuri

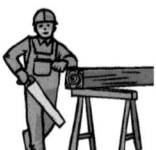

marceneiro
puuseppä

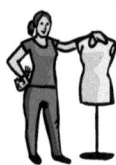

costureira
ompelija

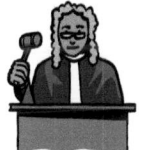

juiz
tuomari

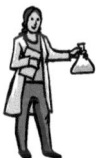

químico
kemisti

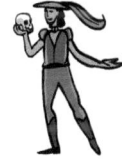

ator
näyttelijä

motorista de ônibus

linja-autonkuljettaja

motorista de táxi

taksinkuljettaja

pescador

kalastaja

faxineira

siivooja

telhador

katontekijä

garçom

tarjoilija

caçador

metsästäjä

pintor

maalari

padeiro

leipuri

eletricista

sähköasentaja

construtor

rakentaja

engenheiro

insinööri

açougueiro

teurastaja

encanador

putkiasentaja

carteiro

postinjakaja

soldado
sotilas

arquiteto
arkkitehti

caixa
kassanhoitaja

florista
floristi

cabelereiro
kampaaja

condutor
konduktööri

mecânico
mekaanikko

capitão
kapteeni

dentista
hammaslääkäri

cientista
tiedemies

rabino
rabbi

imam
imaami

monge
munkki

pastor
pappi

profissões - ammatit

ferramentas
työkalut

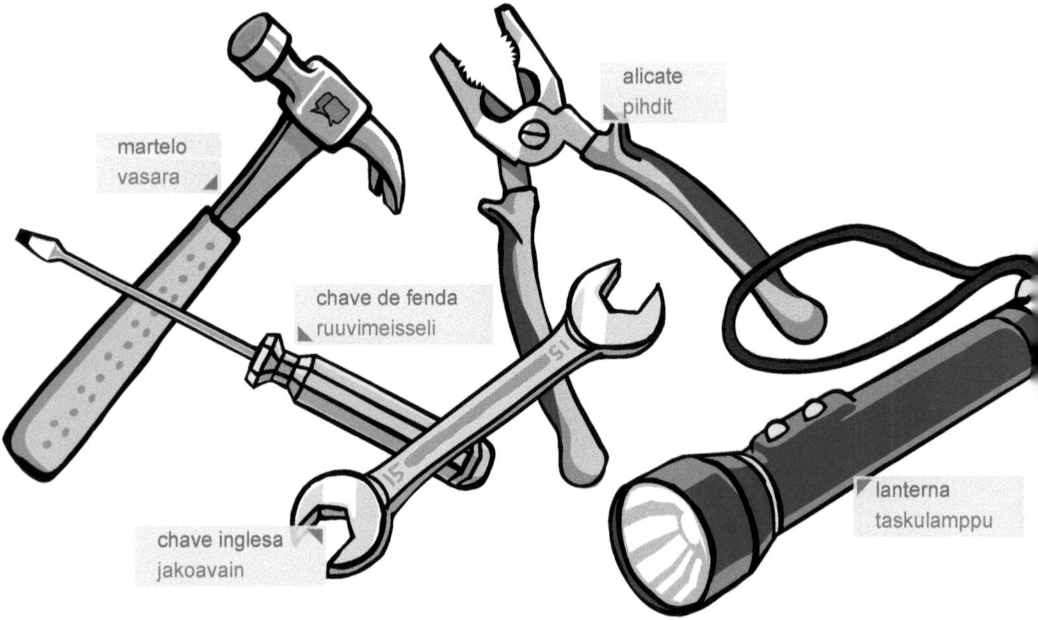
martelo
vasara
alicate
pihdit
chave de fenda
ruuvimeisseli
chave inglesa
jakoavain
lanterna
taskulamppu

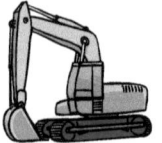

escavadora

kaivinkone

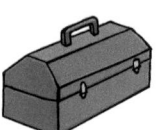

caixa de ferramentas

työkalupakki

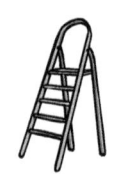

escada de mão

tikkaat

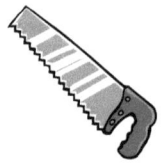

serra

saha

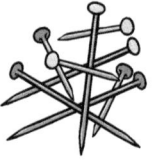

pregos

naulat

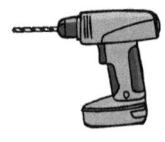

furadeira

pora

consertar

korjata

pá

lapio

Droga!

Hitto!

pá de lixo

rikkalapio

pote de tinta

maalipurkki

parafusos

ruuvit

instrumentos musicais
soittimet

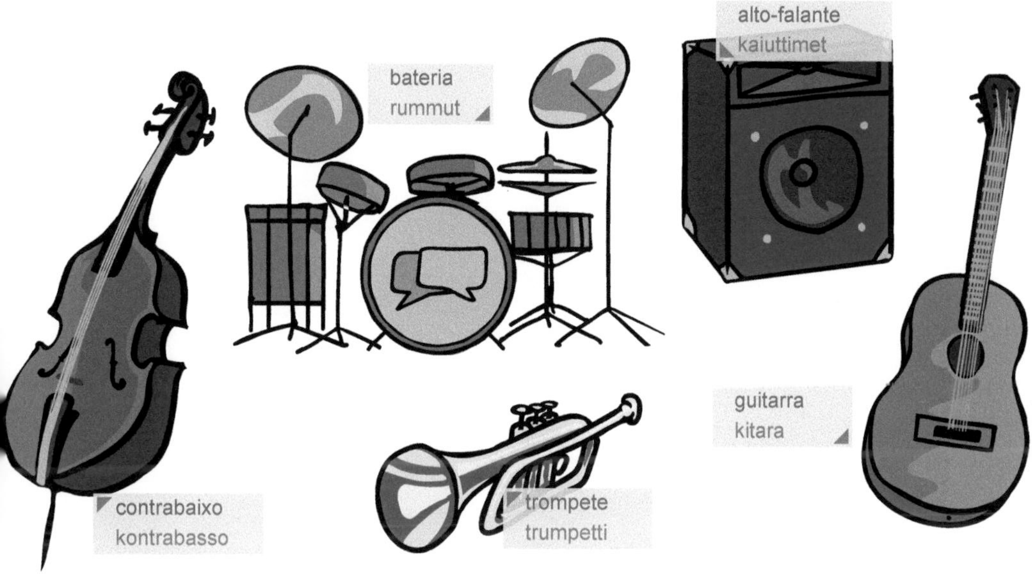

alto-falante
kaiuttimet

bateria
rummut

contrabaixo
kontrabasso

trompete
trumpetti

guitarra
kitara

piano

piano

violino

viulu

baixo

basso

timbales

patarummut

tambor

rumpu

teclado

kosketinsoitin

saxofone

saksofoni

flauta

huilu

microfone

mikrofoni

zoológico

eläintarha

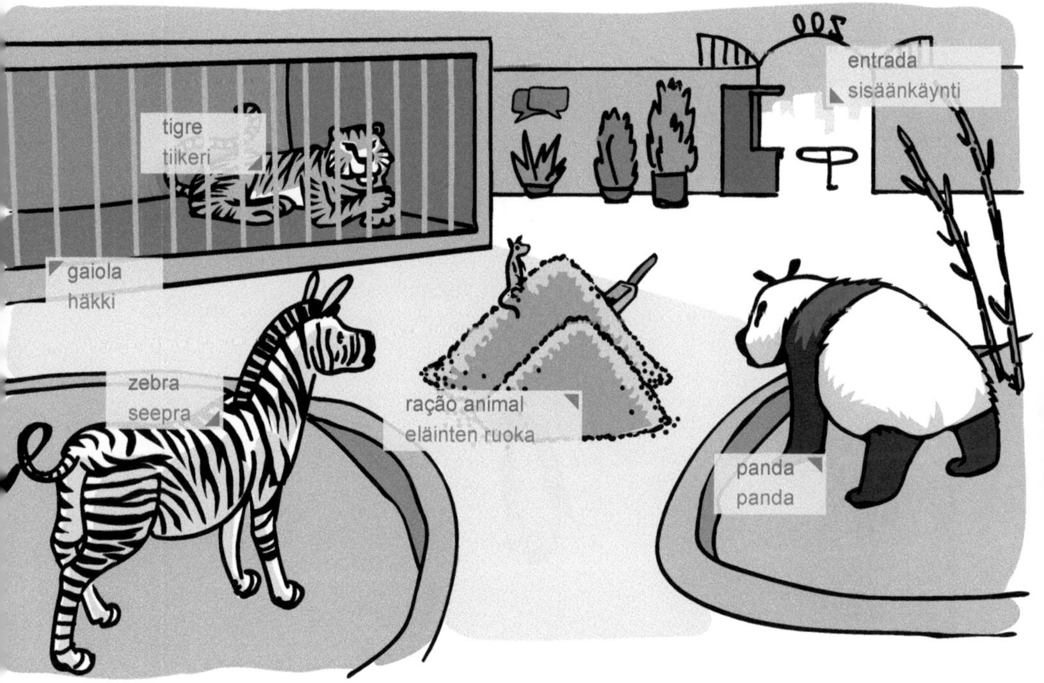

zoo
entrada
sisäänkäynti
tigre
tiikeri
gaiola
häkki
zebra
seepra
ração animal
eläinten ruoka
panda
panda

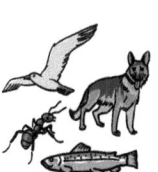

animais

eläimet

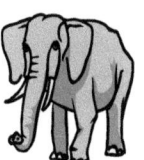

elefante

norsu

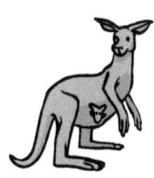

canguru

kenguru

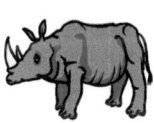

rinoceronte

sarvikuono

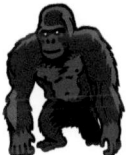

gorila

gorilla

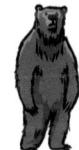

urso

karhu

camelo
kameli

avestruz
strutsi

leão
leijona

macaco
apina

flamingo
flamingo

papagaio
papukaija

urso polar
jääkarhu

pinguim
pingviini

tubarão
hai

pavão
riikinkukko

cobra
käärme

crocodilo
krokotiili

guarda do zoológico
eläintarhanhoitaja

foca
hylje

jaguar
jaguaari

pônei
poni

leopardo
leopardi

hipopótamo
virtahepo

girafa
kirahvi

áquia
kotka

javali
villisika

peixe
kala

tartaruga
kilpikonna

morsa
mursu

raposa
kettu

gazela
gaselli

futebol americano
amerikkalainen jalkapallo

ciclismo
pyöräily

tênis
tennis

basquete
koripallo

natação
uinti

hóquei no gelo
jääkiekko

boxe
nyrkkeily

futebol	badminton	atletismo
jalkapallo	sulkapallo	yleisurheilu
handebol	esqui	polo
käsipallo	hiihto	poolo

atividades
aktiviteetit

rir
nauraa
pular
hypätä
abraçar
halata
andar
kävellä
cantar
laulaa
sonhar
unelmoida
rezar
rukoilla
beijar
suudella

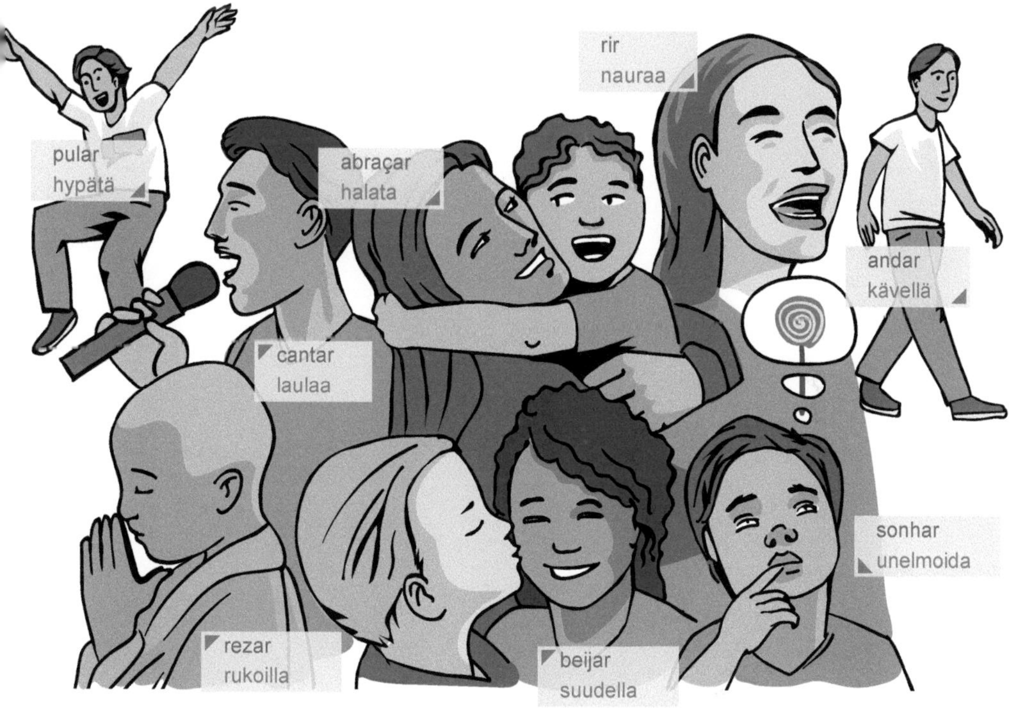

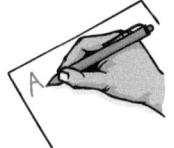

escrever
kirjoittaa

desenhar
piirtää

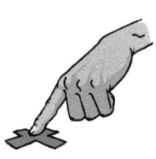

mostrar
näyttää

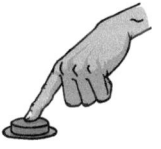

empurrar
painaa

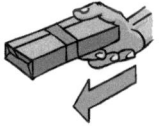

dar
antaa

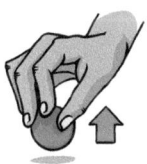

tomar
ottaa

ter
omistaa

fazer
tehdä

ser
olla

ficar de pé
seisoa

correr
juosta

puxar
vetää

jogar
heittää

cair
kaatua

deitar
maata

esperar
odottaa

carregar
kantaa

sentar
istua

vestir
pukeutua

dormir
nukkua

despertar
herätä

olhar para

katsoa

chorar

itkeä

acariciar

silittää

pentear

kammata

falar

puhua

entender

ymmärtää

perguntar

kysyä

ouvir

kuunnella

beber

juoda

comer

syödä

arrumar

siivota

amar

rakastaa

cozinhar

keittää

dirigir

ajaa

voar

lentää

velejar

purjehtia

calcular

laskea

ler

lukea

aprender

oppia

trabalhar

työskennellä

casar

mennä naimisiin

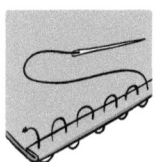

costurar

ommella

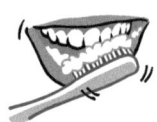

escovar os dentes

pestä hampaat

matar

tappaa

fumar

tupakoida

enviar

lähettää

família
perhe

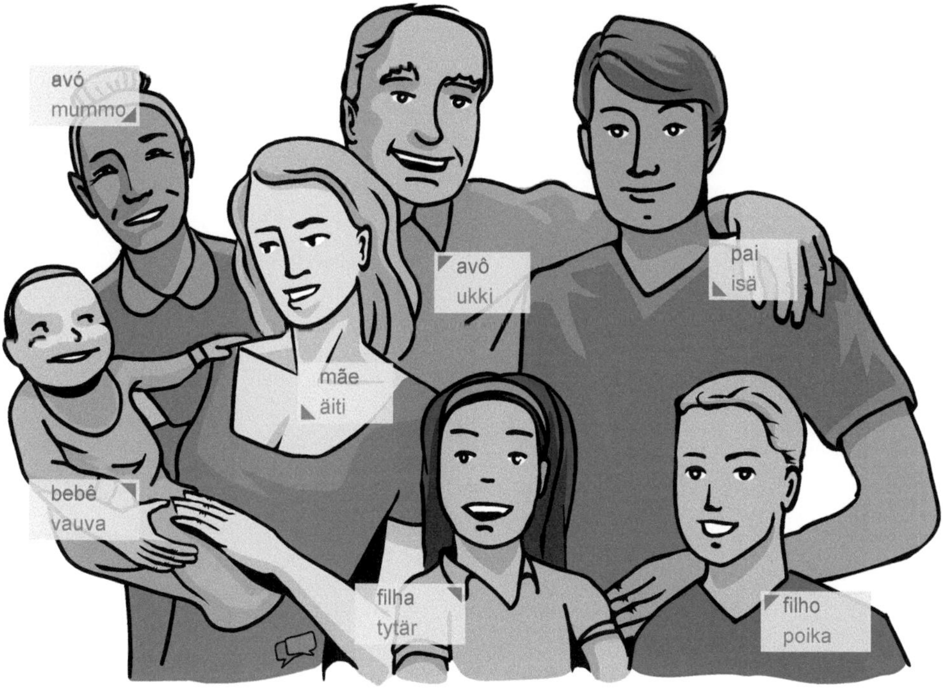
avó
mummo
avô
ukki
pai
isä
mãe
äiti
bebê
vauva
filha
tytär
filho
poika

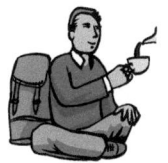

convidado

vieras

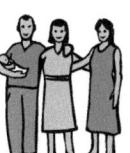

tia

täti

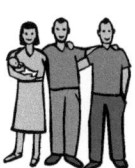

tio

setä

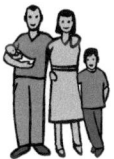

irmão

veli

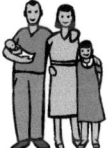

irmã

sisko

corpo
vartalo

testa
otsa
olho
silmä
ombro
olkapää
dedo
sormet
rosto
kasvot
queixo
leuka
mão
käsi
peito
rinta
perna
jalka
braço
käsivarsi

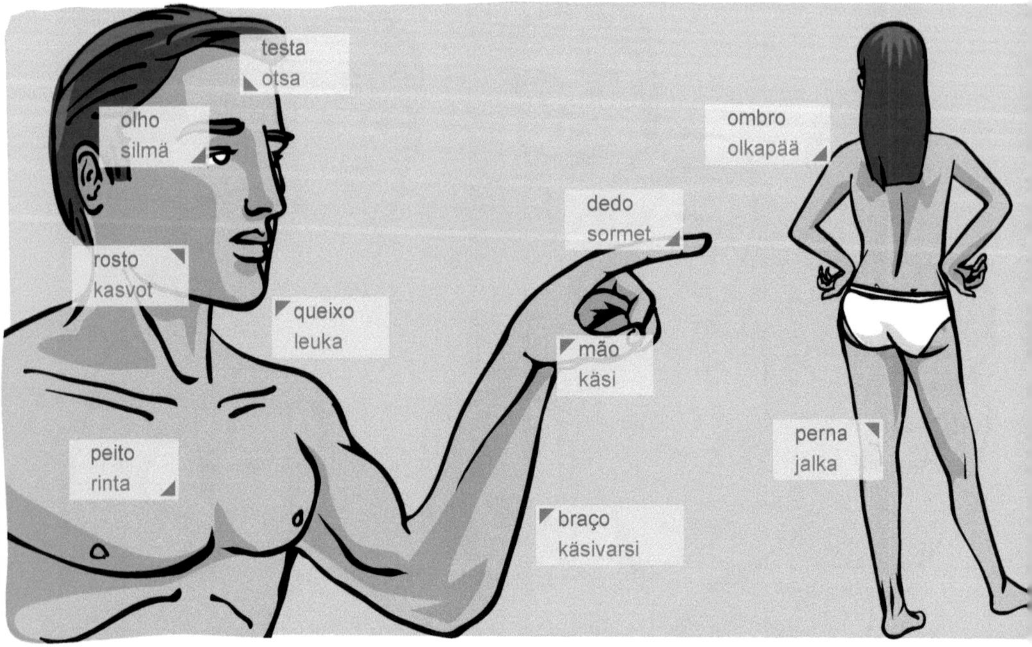

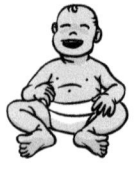

bebê
vauva

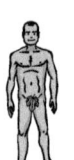

homem
mies

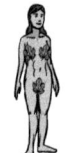

mulher
nainen

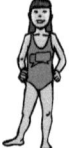

menina
tyttö

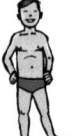

menino
poika

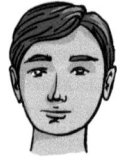

cabeça
pää

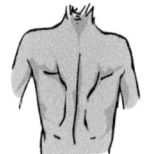

costas

selkä

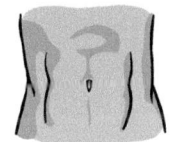

barriga

maha

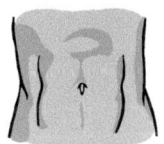

umbigo

napa

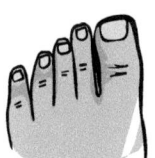

dedo do pé

varvas

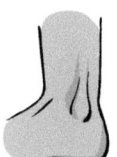

calcanhar

kantapää

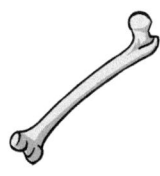

osso

luu

anca

lantio

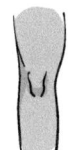

joelho

polvi

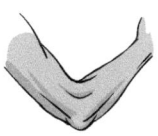

cotovelo

kyynärpää

nariz

nenä

nádegas

takapuoli

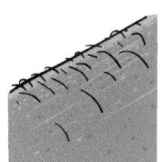

pele

iho

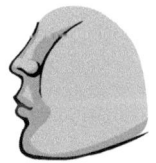

bochecha

poski

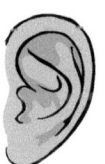

orelha

korva

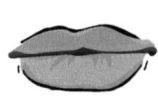

lábio

huuli

boca

suu

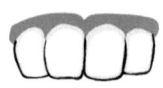

dente

hammas

língua

kieli

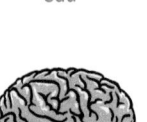

cérebro

aivot

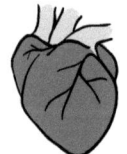

coração

sydän

músculo

lihas

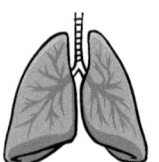

pulmão

keuhkot

fígado

maksa

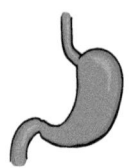

estômago

vatsa

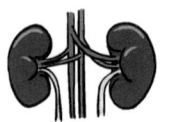

rins

munuaiset

relações sexuais

seksi

preservativo

kondomi

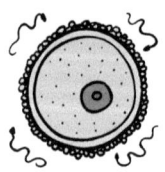

óvulo

munasolu

esperma

sperma

gravidez

raskaus

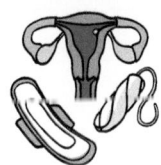

menstruação
kuukautiset

vagina
vagina

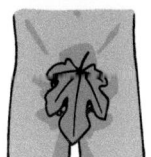

pênis
penis

sobrancelha
kulmakarvat

cabelo
hiukset

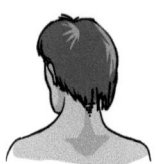

pescoço
niska

hospital

sairaala

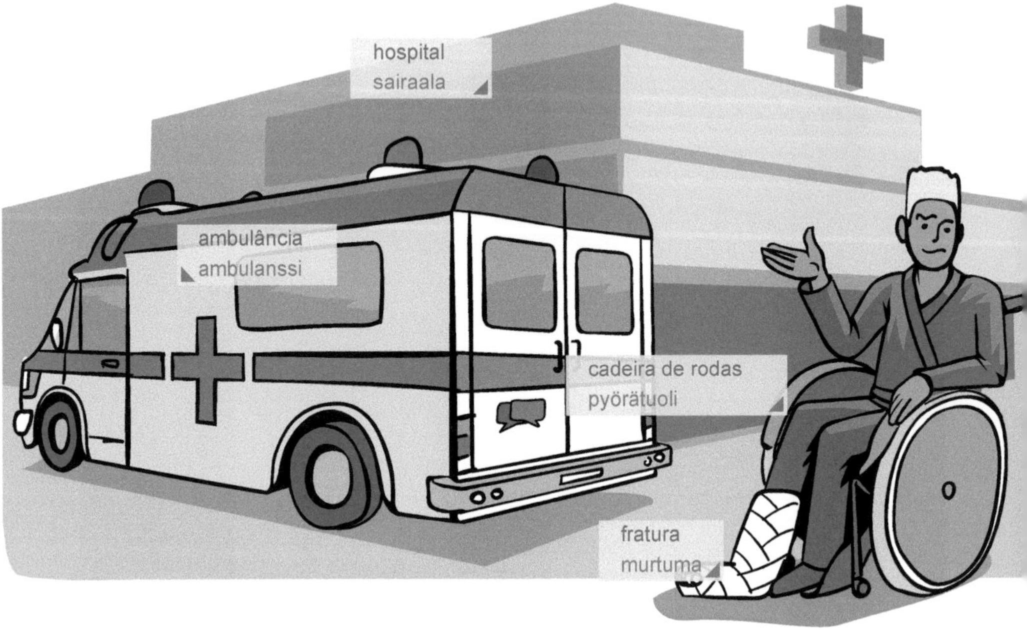

hospital
sairaala
ambulância
ambulanssi
cadeira de rodas
pyörätuoli
fratura
murtuma

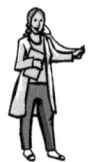

médico

lääkäri

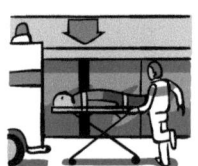

pronto-socorro

ensiapu

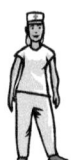

enfermeira

sairaanhoitaja

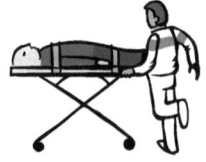

emergência

hätätilanne

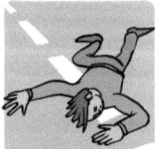

inconsciente

tajuton

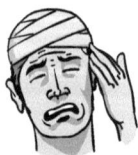

dor

kipu

ferimento

vamma

hemorragia

verenvuoto

ataque cardíaco

sydänkohtaus

acidente vacular cerebral

aivoinfarkti

alergia

allergia

tosse

yskä

febre

kuume

gripe

flunssa

diarreia

ripuli

dor de cabeça

päänsärky

câncer

syöpä

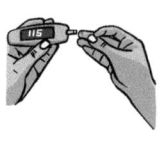

diabetes

diabetes

cirurgião

kirurgi

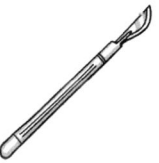

bisturi

veitsi

operação

leikkaus

CT
ct

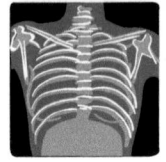

raio x
röntgen

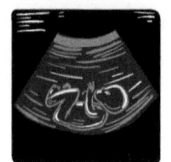

ultrassom
ultraääni

máscara
maski

doença
sairaus

sala de espera
odotushuone

muleta
sauva

bandeide
laastari

ligadura
side

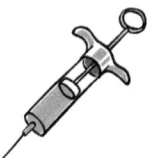

injeção
pistos

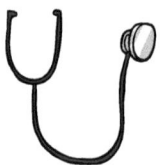

estetoscópio
stetoskooppi

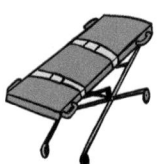

maca
paarit

termômetro
kuumemittari

nascimento
syntymä

excesso de peso
ylipaino

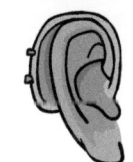

aparelho auditivo

kuulolaite

desinfetante

desinfiointiaine

infecção

infektio

vírus

virus

HIV / AIDS

HIV / AIDS

medicamento

lääke

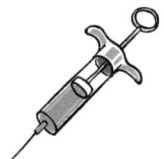

vacinação

rokotus

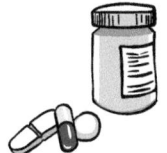

comprimidos

tabletit

pílula

pilleri

chamada de emergência

hätäpuhelu

dispositivo de medição de
pressão arterial

verenpainemittari

doente / saudável

sairas / terve

Socorro!
Apua!

alarme
hälytys

assalto
ryöstö

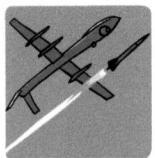

ataque
hyökkäys

perigo
vaara

saída de emergência
hätäuloskäynti

Fogo!
Tulipalo!

extintor de incêndios
palosammutin

acidente
onnettomuus

maleta de primeiros
socorros
ensiapulaukku

SOS
SOS

polícia
poliisilaitos

Europa

Eurooppa

América do Norte

Pohjois-Amerikka

América do Sul

Etelä-Amerikka

África

Afrikka

Ásia

Aasia

Austrália

Australia

Atlântico

Atlantin valtameri

Pacífico

Tyynimeri

Oceano Índico

Intian valtameri

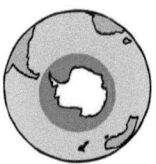

Oceano Antártico

Eteläinen jäämeri

Oceano Ártico

Pohjoinen jäämeri

Polo Norte

pohjoisnapa

Polo Sul

etelänapa

Antártica

Antarktis

Terra

maa

terra

maa

mar

meri

ilha

saari

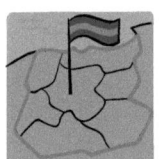

nação

kansa

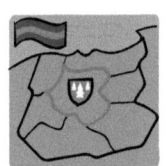

estado

osavaltio

mostrador do relógio

kellotaulu

ponteiro das horas

tuntiviisari

ponteiro dos minutos

minuuttiviisari

ponteiro dos segundos

sekuntiviisari

Que horas são?

Paljonko kello on?

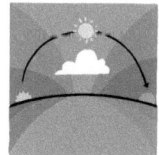

dia

päivä

tempo

aika

agora

nyt

relógio digital

digitaalikello

minuto

minuutti

hora

tunti

semana
viikko

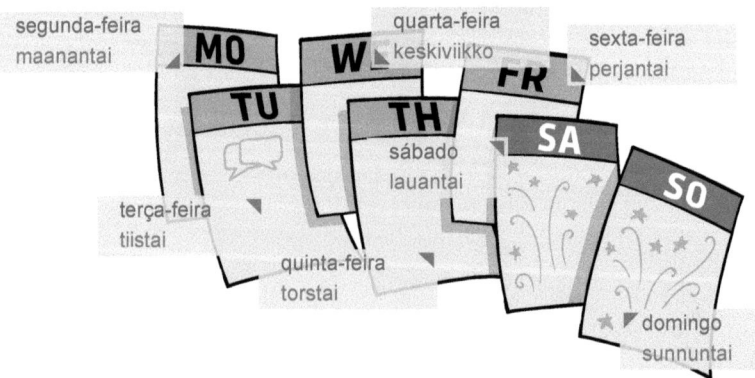

segunda-feira
maanantai

terça-feira
tiistai

quarta-feira
keskiviikko

quinta-feira
torstai

sexta-feira
perjantai

sábado
lauantai

domingo
sunnuntai

ontem
....
eilen

hoje
....
tänään

amanhã
....
huomenna

manhã
....
aamu

meio-dia
....
keskipäivä

entardecer
....
ilta

dias úteis
....
työpäivät

fim de semana
....
viikonloppu

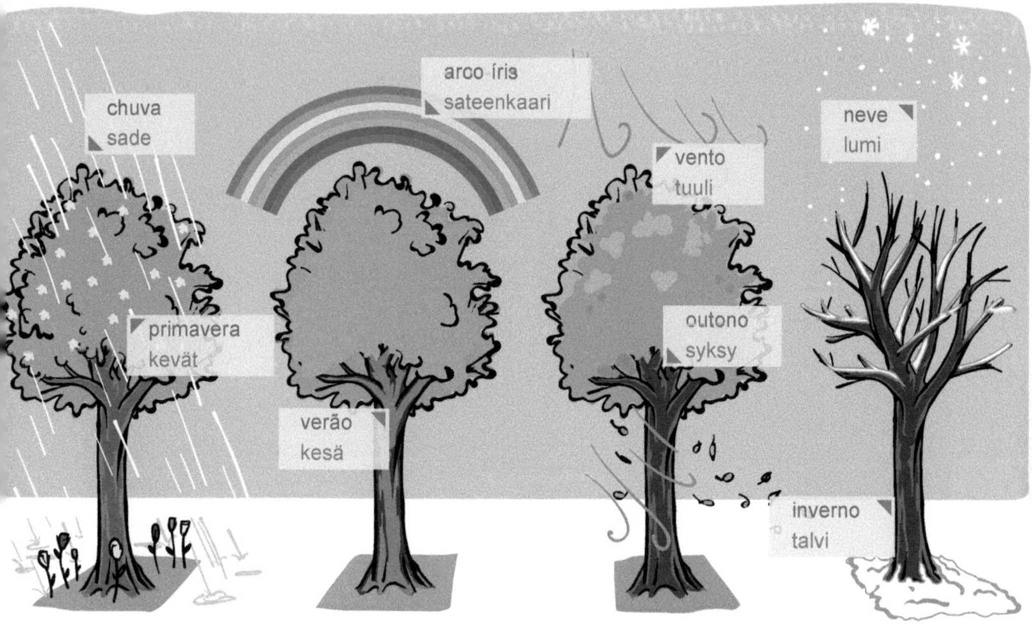

chuva
sade
arco íris
sateenkaari
neve
lumi
vento
tuuli
primavera
kevät
outono
syksy
verão
kesä
inverno
talvi

4.APRIL 11°
5.APRIL 4°
6.APRIL 13°
7.APRIL 8°
8.APRIL 10°

previsão do tempo

sääennuste

F C
120 40
90 30
60 20
30 10
0 0
-30 -10
-20

termômetro

lämpömittari

raio de sol

auringonpaisle

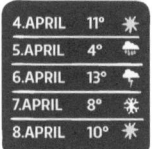

nuvem

pilvi

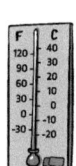

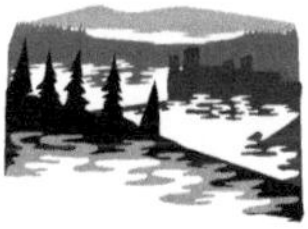

neblina / nevoeiro

sumu

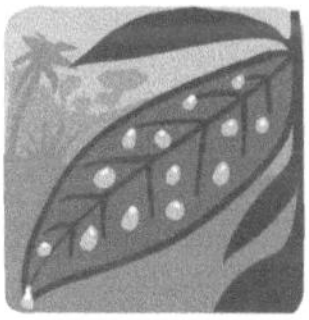

umidade do ar

ilmankosteus

relâmpago

salama

trovão

ukkonen

tempestade

myrsky

granizo

rae

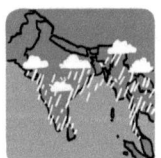

monção

monsuuni

inundação

tulva

gelo

jää

janeiro

tammikuu

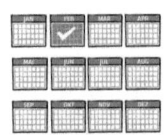

fevereiro

helmikuu

março

maaliskuu

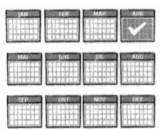

abril

huhtikuu

maio

toukokuu

junho

kesäkuu

julho

heinäkuu

agosto

elokuu

ano - vuosi

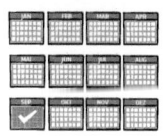

setembro
syyskuu

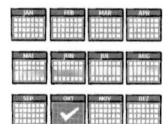

outubro
lokakuu

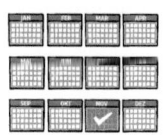

novembro
marraskuu

dezembro
joulukuu

formas
muodot

círculo
ympyrä

quadrado
neliö

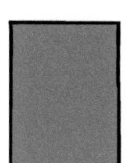

retângulo
suorakulmio

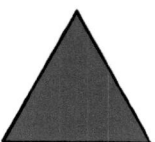

triângulo
kolmio

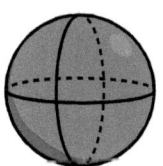

esfera
pallo

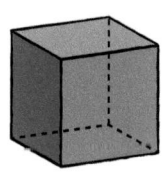

cubo
kuutio

branco

valkoinen

amarelo

keltainen

laranja

oranssi

rosa

vaaleanpunainen

vermelho

punainen

lilás

violetti

azul

sininen

verde

vihreä

marrom

ruskea

cinza

harmaa

preto

musta

muito / pouco
paljon / vähän

furioso / tranquilo
vihainen / ystävällinen

lindo / feio
kaunis / ruma

começo / fim
alku / loppu

grande / pequeno
suuri / pieni

claro / escuro
vaalea / tumma

irmão / irmã
veli / sisko

limpo / sujo
puhdas / likainen

completo / incompleto
täydellinen / epätäydellinen

dia / noite
päivä / yö

morto / vivo
kuollut / elävä

largo / estreito
leveä / kapea

comestível / não comestível

syötävä / syömäkelvoton

mau / gentil

paha / kiltti

entusiasmado / entediado

innostunut / tylsistynyt

gordo / magro

lihava / laiha

primeiro / último

ensimmäinen / viimeinen

amigo / inimigo

ystävä / vihollinen

cheio / vazio

täysi / tyhjä

duro / macio

kova / pehmeä

pesado / leve

painava / kevyt

fome / sede

nälkä / jano

doente / saudável

sairas / terve

ilegal / legal

laiton / laillinen

inteligente / idiota

älykäs / tyhmä

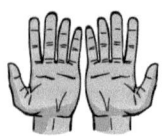

esquerda / direita

vasen / oikea

perto / longe

lähellä / kaukana

novo / usado

uusi / käytetty

nada / alguma coisa

ei mitään / jotain

velho / jovem

vanha / nuori

ligado / desligado

päällä / pois päältä

aberto / fechado

auki / kiinni

baixo / alto

hiljainen / äänekäs

rico / pobre

rikas / köyhä

certo / errado

oikein / väärin

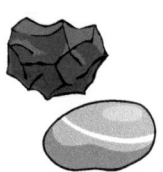

áspero / liso

karhea / sileä

triste / feliz

surullinen / iloinen

curto / longo

lyhyt / pitkä

lento / rápido

hidas / nopea

molhado / seco

märkä / kuiva

ameno / fresco

lämmin / viileä

guerra / paz

sota / rauha

0

zero

nolla

1

um

yksi

2

dois

kaksi

3

três

kolme

4

quatro

neljä

5

cinco

viisi

6

seis

kuusi

7

sete

seitsemän

8

oito

kahdeksan

9

nove

yhdeksän

10

dez

kymmenen

11

onze

yksitoista

12	**13**	**14**
doze	treze	quatorze
kaksitoista	kolmetoista	neljätoista

15	**16**	**17**
quinze	dezesseis	dezessete
viisitoista	kuusitoista	seitsemäntoista

18	**19**	**20**
dezoito	dezenove	vinte
kahdeksantoista	yhdeksäntoista	kaksikymmentä

100	**1.000**	**1.000.000**
cem	mil	milhão
sata	tuhat	miljoona

inglês
englanti

inglês americano
amerikanenglanti

chinês mandarim
mandariinikiina

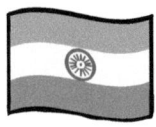

hindi
hindi

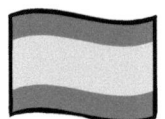

espanhol
espanja

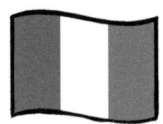

francês
ranska

árabe
arabia

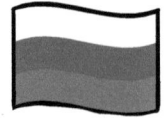

russo
venäjä

português
portugali

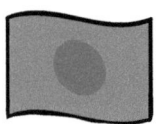

bengalês
bengali

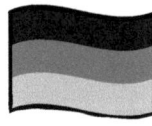

alemão
saksa

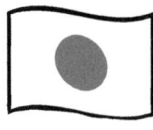

japonês
japani

eu

minä

você

sinä

ele / ela

hän

nós

me

vocês

te

eles / elas

he

quem?

kuka?

O quê?

mitä / mikä?

como?

miten?

onde?

missä?

Quando?

milloin?

nome

nimi

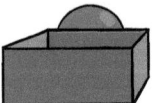

atrás

takana

em

sisällä

na frente de

edessä

sobre

yläpuolella

em cima

päällä

debaixo

alapuolella

do lado

vieressä

entre

välissä

lugar

paikka